Bernardin Schellenberger

Achte auf dein Leben

Mit Benedikt Spiritualität erfahren

Bernardin Schellenberger

Achte auf dein Leben

Mit Benedikt Spiritualität erfahren

Verlag der Ideen

Bibliografische Information der Deutschen Nationalbibliothek
Die Deutsche Nationalbibliothek verzeichnet diese Publikation in der Deutschen Nationalbibliografie; detaillierte bibliografische Daten sind im Internet über http://dnb.d-nb.de abrufbar.

Überarbeitete und erweiterte Neuausgabe

3. Auflage 2019

www.verlag-der-ideen.de

ISBN 978-3-942006-24-8

Covergestaltung und Satz:
Jonas Dinkhoff, www.starkwind-design.de

Illustration: Jonas Hauss

Printed in Germany

Inhalt

Wenn die Welt verwirrend wird

Zur Einführung

Ein Student empfand, die Fülle an Informationen, die ihn überflutete, sei nicht mehr hilfreich, sondern erdrückend. Den Jahrmarkt an Religionen und Lebensentwürfen, der sich ihm in seiner Stadt – einer verfallenden Weltstadt – bot, empfand er als verwirrend. In den politischen, kulturellen und gesellschaftlichen Turbulenzen seiner in ihren Grundfesten erschütterten Welt drohte er den Boden unter den Füßen zu verlieren. Da beschloss er eines Tages, »wissentlich unwissend zu werden«, wie es sein Biograf formulierte. Er brach seine Studien ab, zog aufs Land und »wohnte bei sich selbst«.

Der genannte junge Mann lebte nicht zu Beginn des 21. Jahrhunderts, sondern vor über tausendfünfhundert Jahren. Seinen folgenreichen Schritt tat er ungefähr im Jahr 505. Er hieß Benedikt, stammte aus dem umbrischen Städtchen Nursia (heute Norcia) und hatte in Rom studiert. Dort war einige Jahre vor seiner Geburt im Zug der Völkerwanderung, die ganz Europa in Unruhe hielt, der letzte römische Kaiser von einem ostgotischen Heerführer gestürzt worden. Rom, auf den Rang einer

Provinzstadt herabgesunken, von Korruption und Dekadenz zerfressen, war zum Sammelbecken Entwurzelter aus aller Herren Länder geworden. Es hatte schon seit Jahrhunderten ein buntes Gemisch aller nur erdenklichen Kulte und Philosophien angezogen.

Benedikt also kehrte dieser verworrenen und verwirrenden Welt den Rücken. Er lebte mehrere Jahre als Einsiedler. Später gründete er ein ganzes Dutzend Klöster. Schließlich schrieb er aus seiner spirituellen und praktischen Erfahrung eine Klosterregel. Sie setzte sich ab dem 9. Jahrhundert in Europa als fast alleinige Regel der Mönchs- und Nonnenklöster durch.

Mönche und Nonnen sind Menschen, die die spirituelle Suche zu ihrem Hauptberuf machen. Im Abendland hat ihre Zahl stark abgenommen. Aber zunehmend mehr Menschen begeben sich mitten in der Welt auf die spirituelle Suche. An die meisten der praktischen Anleitungen zur Organisation eines geschlossenen Klosters, wie sie Benedikt in seiner Regel bietet, können und wollen sie sich nicht halten.

Sogar das Welt- und Gottesbild, das in dieser Regel aufscheint, trägt fremd anmutende Züge. Das ist kein Wunder. Der Mensch nimmt alles, was er wahrnimmt, gemäß der ihm bekannten Bilderwelt und Denkformen auf. Ohne sie kann

er nichts wahrnehmen. Sie sind die Instrumente seines Verstehens und Erfahrens. Ein gutes Stück weit sind sie immer von der Kultur seiner Zeit geprägt.
Aber durch alles Zeitbedingte hindurch leuchten bei allen, die authentisch leben, spirituelle Wahrheiten und Weisheiten von zeitloser Gültigkeit auf. Das ist auch bei Benedikt der Fall. Seine Zeit war anders als die heutige und glich ihr doch in vielem auf verblüffende Weise. So lassen sich bei ihm uralte Anregungen als ganz aktuell entdecken. In der Begegnung mit Benedikt kann einem »aufgehen« und »einfallen«, worum es im Letzten immer geht und was inspiriert. Das aber ist »Spiritualität«: sich dem inspirierenden »Spiritus« (Geist) überlassen.

Fange mit dem Horchen an

Das erste Wort der Regel Benedikts ist der Aufruf: »Horche!«

»Horche« – das ist, nach der Gepflogenheit antiker Autoren, die Zusammenfassung und Kurzformel seines ganzen nachfolgenden Textes. Horchen ist eine intensivere Form des Hörens: Man hört dabei konzentriert, gespannt, wach hin.

Heute sind wir Dauer-Hörer: fast pausenlos beschallt aus unzähligen Medien, überschwemmt vom sozialen Geräusch, das nur noch ausnahmsweise zum wirklichen Gespräch wird. Viele stöpseln sich beide Ohren zu, schirmen sich mit Geräusch aus Musikkonserven gegen die Geräusche von außen ab, hören also nur noch, was sie hören wollen.

In dieser Situation wird der Ruf Benedikts »Horche!« zum Weckruf. Er sagt es ausdrücklich: »Jetzt ist die Stunde, dass wir vom Schlaf aufstehen und mit aufgeschreckten Ohren wieder horchen!« Und er erläutert: »Es geht darum, dass du dich wieder um echtes Horchen bemühst. Du hast dich nämlich hängen lassen. Du hast nirgends mehr hingehört. Du hast dich zurückgezogen auf das, was du selbst wolltest.«

Weil du lange nicht mehr wirklich hingehört hast, gehörst du tatsächlich nirgendwo mehr wirklich hin. Die Worthülsen, die Geräusche tragen dich nicht. Du schwimmst, du treibst auf ihnen. Aus lauter Angst, du könntest sinken, schaltest du sie unverzüglich wieder ein, sobald sie einmal ausfallen.
Benedikt spricht vom Horchen »auf die Lehren des Meisters« und auf die »Stimme Gottes«; er spricht vom Gehorchen. Das dürfte an dieser Stelle zu unvermittelt kommen. Zunächst einmal geht es um deine eigene innere Wachheit und Aufmerksamkeit. Darum fordert Benedikt auf: »Neige das Ohr deines Herzens« und »Verhärte dein Herz nicht.«

Wann hast du das letzte Mal wirklich auf dein Herz gehorcht? Gehorcht, was es unterhalb und jenseits aller seiner »Verhärtungen« durch Illusionen, Wunschträume, Süchte Blockaden und Unfreiheiten sucht und will?
Habe den Mut, zu horchen. Nimm dir Zeit dafür. Tue es lange. Halte es aus.

Jetzt – nicht morgen oder vielleicht übermorgen – ist die Stunde, dass du vom Schlaf aufstehst und mit aufgeschreckten Ohren wieder horchst.

Horche, ob die Sprache wahr ist

»Wo ist ein Mensch, der volles Leben will und darauf aus ist, viele gute Tage zu sehen? Wenn du auf diese Frage ›Hier!‹ rufst«, schreibt Benedikt im Vorwort seiner Regel, dann hast du das richtige Buch in der Hand. Denn dazu soll es anleiten.
Und er gibt unverzüglich eine praktische Anweisung für den Einstieg.
Vielleicht kamen ihm beim Schreiben Zweifel, ob ihn seine Leserinnen und Leser ernst nehmen würden, wenn er ausgerechnet mit dieser Anweisung anfing. Darum setzte er zuvor noch einmal an: »Wenn du tatsächlich allen Ernstes wahres und ewiges Leben suchst ... (tust du es wirklich?)«, um erst dann mit dem herauszurücken, was er sagen wollte: »... so halte deine Zunge vom Bösen zurück und sprich nicht hinterhältig mit deinen Lippen.«
Dass er damit anfängt, mag verblüffen. Man muss es auf sich wirken lassen. Eher würde man erwarten, Benedikt spreche als Erstes davon, dass, wer sinnvoller und erfüllter leben wolle, in dieser und jener Hinsicht seine Lebenspraxis ändern müsse. Aber nein, er fängt mit der Sprache an.

Nicht schlechtes Leben führe zu schlechter Sprache, stellt er fest, sondern es sei umgekehrt: Falsche, verlogene Sprache führe zu falschem, verlogenem Leben.
Für Benedikt war die Sprache kostbar. Darum weist er in seiner Regel zu vielem Schweigen an. Ihm liegt daran, dass die Sprache nicht inflationär und darum wertlos werde.
Diese Überzeugung und dieses Anliegen spiegeln einen spezifischen Charakterzug der spirituellen Tradition des Juden- und des Christentums. Sie lebt aus der Weisheit, dass am Anfang das Wort war, das kreative Wort, dem die Welt ihr Dasein verdankt. »Und das Wort war Gott« (Johannes 1,1). Das wahre Wort erhält die Welt im Dasein. Ohne wahres Wort gibt es kein wahres Leben.
Der Sündenfall, bei dem Adam und Eva aus ihrer paradiesischen Lebensfülle herausfielen, wurde von verlogenen Worten der »listigen Schlange« ausgelöst und führte zu einer Kettenreaktion weiterer Lügen, die bis in unsere Tage anhält und unsere Beziehungen – politische wie persönliche – zerrüttet. Ganz zu schweigen von den mit strategischer, professioneller List formulierten Worten und Bildern einer allgegenwärtigen Werbung und Meinungsmache.

Folglich musst du an deiner Stelle die Kette des Weiterlügens unterbrechen, wenn echtes Leben und gute Tage in die Welt einziehen sollen.

Achte also auf deine Sprache, sagt Benedikt. Es lässt sich hinzufügen: Achte ganz allgemein auf die Sprache in deiner Umgebung. Werde kritisch. Benedikt spricht sogar davon, man solle »in seinem Herzen Wahrheit sprechen.« Denn oft fängt die Lüge bereits im Gespräch mit dir selbst an. Horche dir selbst kritisch zu.

Sichte kritisch dein Inneres

Der Prozess der Umkehr und Änderung verläuft natürlich nicht einbahnig linear in dem Sinn, dass zunächst der Programmpunkt »wahrhaftig sprechen« erledigt sein muss, damit als nächster Punkt daraus das richtige Verhalten folgt. In Wirklichkeit arbeiten beide, Sprache und Tun, Hand in Hand. Richtiges Handeln lässt seinerseits die Sprache richtiger werden. Diese Reihenfolge nennt Benedikt kurz danach: »Im Zelt Gottes wohnen und auf seinem heiligen Berg ruhen« werde der Mensch, der »untadelig seinen Weg geht und Gerechtigkeit übt; der in seinem Herzen die Wahrheit spricht und mit seiner Zunge nichts Hinterhältiges sagt«.
Mit »Gerechtigkeit« meint Benedikt nicht ein juristisch korrektes Verhalten, sondern das für den betreffenden Menschen und die Situation richtige und ehrliche Handeln. Der Friede ist – nach einem alten Spruch – die Frucht dieser Art von Gerechtigkeit.
Noch ein drittes Mal verknüpft Benedikt Tun und Sprechen miteinander: In Frieden und Fülle leben werde, »wer seinem Nächsten nichts Schlechtes antut und wer nicht schmähliche Aussagen gegen seinen Nächsten an sich heranlässt.«

Dieses Phänomen, sich an den Fehlern und Blößen seiner Mitmenschen zu ergötzen – mit dem heute die Regenbogenpresse Millionen verdient, weil unglückliche Menschen nur allzu gern bestätigt bekommen, dass »die anderen auch nicht besser« und glücklicher sind als sie selbst – muss bereits Benedikt nur allzu bekannt gewesen sein. Mehr noch: Es erregte spürbar seinen Zorn. Das verrät sein folgender Schachtelsatz voller mühsam kombinierter Bilder: Du musst »den üblen Durcheinanderwerfer (den dia-bolus, den »Teufel«), der dir etwas Derartiges einflüstern will, samt seiner Einflüsterung vom Anblick deines Herzens mit Abscheu zurückweisen und zunichte machen und seine Gedankensprösslinge ergreifen und an Christus zerschmettern.«

Es geht Benedikt hier um eine energische Hygiene der eigenen Absichten und Gedanken.

Wenn schon ein Mensch vor gut anderthalb tausend Jahren dies als dramatisches Problem empfand: dass der Mensch einem »üblen Durcheinanderwerfer« und destruktiven Einflüsterungen ausgesetzt sei; zu einer Zeit also, in der es noch keine Presse, keine Plakate, keine elektronischen Medien, keine erdrückende Flut an Bildern, Parolen und Moden gab – was muss man da erst heute sagen? Ohne das Vertrauen, dass mit allen

Herausforderungen auch die Fähigkeiten des Menschen zunehmen, sich ihnen zu stellen, könnte man den Mut verlieren.
Aber Benedikt neigt nicht zur Verzweiflung, im Gegenteil: Er verfällt in jene Art von nüchternem, konsequentem Zorn, den er wohl an Christus ablas, in der Geschichte, wie dieser die Händler und Geldwechsler aus dem Tempel hinauswarf, weil ihn »der zornige Eifer für das Haus Gottes verzehrte« (vgl. Johannes 2,17).
Darin steckt ein praktischer religiöser, kultureller und politischer Impuls. Von ihm spricht Benedikt nicht. Es geht ihm um den einzelnen Menschen. Die Klärung der eigenen Impulse, Gedanken und Motive ist das Mühsamste. Wo man sie überspringt, kommt es zu jenen religiösen, kulturellen und politischen Fanatikern, die ihren eigenen Unfrieden in ihren Mitmenschen bekämpfen, statt ihn zunächst einmal in sich selbst zu klären.

Sichte du kritisch dein eigenes Inneres. Sei dabei streng mit dir selbst. Das ist der erste Anspruch, die Grundlage. Spontan neigst du eher dazu, deine Kritik und Strenge in erster Linie auf deine Umgebung zu richten und mit dir selbst Nachsicht zu üben.

Entgifte deinen Input

Von einem ägyptischen Mönch im 4. Jahrhundert wird erzählt, er habe seine Zelle an einer Stelle am Ufer des Nil zugewiesen bekommen, die mit Schilf bewachsen war. Das Rauschen des Schilfs im Wind habe er als unerträglichen Lärm empfunden. Deshalb sei er fortgezogen. Im selben Jahrhundert schimpfte (der später heilige) Hieronymus, die Verschmutzung der Luft in Rom sei nicht mehr auszuhalten. Benedikt empfand wenige Jahrzehnte später, das Maß an Eindrücken, dem er und seine Zeitgenossen in der Gesellschaft ausgesetzt seien, vergifte die Psychen.

Angesichts solcher Beschwerden aus der Welt vor über anderthalb tausend Jahren lässt sich ahnen – um es positiv zu sagen – wie strapazierfähig wir inzwischen geworden sind. Der Mensch ist offensichtlich ein äußerst anpassungsfähiges Wesen. Dennoch muss man fragen: Welches Maß an Bildern, Eindrücken und Informationen erträgt der Mensch? Lässt es sich grenzenlos steigern? Wenn ja, um welchen Preis?

Benedikt ordnete im 67. Kapitel seiner Regel an, wenn seine Mönche von einer Reise zurück-

kämen, müssten sie eine Art »Reinigungsschleuse« passieren:
»Noch am selben Tag sollen sie sich im Gebetsraum auf den Boden werfen und alle um ihr Gebet bitten, wegen des eventuellen Übermaßes – wörtlich: ›der Exzesse‹ – an schlechten Bildern und Informationen oder nutzlosen Ansprachen, dem sie unterwegs ausgesetzt waren. Keiner nehme sich heraus, einem anderen alles zu berichten, was er außerhalb des Klosters gesehen oder gehört hat, denn das richtet gewaltigen Schaden an.«

Dass die Möglichkeit »gewaltigen Schadens« heute eher größer geworden ist, wird derzeit offensichtlich. Benedikts Anweisung ist aktueller denn je: Sei kreativ darin, dir für das »Heimkommen« in deine Wohnung und zu dir selbst derartige Entgiftungsschleusen zu schaffen. Gestalte dir einen Innenraum, in dem du mit konsequenter Strenge den »Input« durch die verschiedensten Medien drosselst. Du brauchst das, um wieder das Horchen zu lernen.

Bete darum, wieder horchen zu können

Benedikt versteht spirituelles Leben nicht als das Bemühen des Menschen, sich selbst zu verbessern, um dadurch den Zugang zu bestimmten Erfahrungen zu bekommen. Damit würdest du den Zirkel des Kreisens um dich selbst nicht verlassen. Gleich im ersten Satz seines Vorworts zur Regel erläutert er, es gehe vielmehr darum, deine Trägheit des Nicht-Horchens zu überwinden und horchend zu dem zurückzukehren, von dem du dich entfernt habest.

Damit unterstellt er unausgesprochen, jeder Mensch sei schon einmal bei dem gewesen, worum – oder richtiger: um den es geht.

Tatsächlich kann man bei Kindern beobachten, dass viele von ihnen eine Art »natürlichen Instinkt« für die Wirklichkeit des Lebens und Gottes haben. Zuweilen stellen sie den Erwachsenen verblüffende Fragen oder äußern eine umwerfend andere Sicht als diese. Es ist, als seien sie mit einer Art von religiöser Ur-Intuition auf die Welt gekommen.

Die meisten verlieren sie ziemlich früh. Ihre Ur-Intuition wird überlagert von dem, was ih-

nen die Erwachsenen beibringen. Sie tun das entweder mit Worten oder wahrscheinlich noch weit mehr ohne Worte – durch ihre Ausstrahlung, ihr Verhalten und ihre Vorlieben. Vielleicht entstehen auch im Kind selbst Tendenzen, die es von dieser Ur-Intuition wegziehen.
Benedikt bezeichnet das, was den Menschen von seiner Herkunft entfremdet habe, in der Mehrzahlform als »die eigenen Willen«, also sein blindes, verzetteltes »Herumgewolle« und »Hergelaufe« hinter dem, was er für Quellen seines Glücks hält.
Seiner Auffassung nach besteht das Einzige, was der Mensch von sich aus dagegen tun könne, darin – paradox gesprochen – dieses Wollen nicht mehr zu wollen, oder, wie er sagt, ihm »abzuschwören.« Dann könne es in ihm ruhig werden und er würde wieder fähig, sozusagen auf die »Ur-Stimme« zu horchen.
Da es hierbei darum geht, dich auf die Dynamik eines Hin und Her von Sprechen und Hören einzulassen, also auf etwas Dialogisches, musst du dir von Anfang an einen Dialogpartner vergegenwärtigen; sonst bliebe alles nur ein Monolog.
Folglich gibt Benedikt bereits mit dem dritten Satz seines Vorworts die Anweisung: »Zuallererst, damit du überhaupt irgendetwas Gutes

tun kannst, erbitte dir in inständigem Gebet, dass er – dein Dialogpartner – es in die Hand nehme.«

Es gab Menschen, die an einem bestimmten Punkt ihres Lebens anfingen, zu beten:

»O Gott, wenn es dich gibt, zeige mir den Weg. Sage mir, was ich tun soll. Ich, allein auf mich gestellt, bin blind.«

Diese vollkommene Bescheidenheit ist der Einstieg. Gegen Ende seines Vorworts sagt Benedikt, das gewährleiste, dass du »den in dir wirkenden Herrn groß machst« und mit dem Psalm betest: »Nicht uns, Herr, nicht uns, sondern deinem Namen gib die Ehre« (Psalm 113,9).

Sei schweigsam

Wie hilfreich und erfrischend es ist, Zeiten der Stille zu verbringen, davon sprechen heute allgemein die spirituellen Ratgeber. Dass solche Zeiten erholsam sein können, ist unumstritten.
Benedikt legt darüber hinaus aber noch eine andere Form des Schweigens dringend ans Herz, die in unserem Alltag derzeit anscheinend ziemlich vergessen ist: die Schweigsamkeit. Er zitiert Psalm 39, worin der Verfasser sagt, er wolle genau auf sein Verhalten achten, damit er mit seiner Zunge nicht sündige. Deshalb stelle er an seinen Mund eine Wache, sage nichts, nehme sich selbst nicht so wichtig und schweige sogar, wenn ihm etwas Gutes und Konstruktives komme.
Dieser Vorsatz mag übertrieben klingen. Aber schon zu seiner Zeit gab es den Spruch: »Wenn du geschwiegen hättest, wärest du ein Philosoph geblieben.« Im Umkehrschluss sollte das heißen: »Weil du so viel redest, hast du die Fähigkeit verloren, tiefgründige Empfindungen und Gedanken von dir zu geben.«
Gewiss gibt es immer wieder Situationen, in denen wir unbedingt und schleunigst den Mund aufmachen müssen, um ein Wort der Klärung

oder des Protests zu äußern. Unsere Gesellschaft lebt von mündigen Bürgern, also von Menschen, die, wo notwendig, laut ihre Meinung sagen. Auch in unserem persönlichen Miteinander kann es verhängnisvoll sein, wenn wir etwas stumm in uns hineinfressen, das unbedingt ins Wort gebracht und im Gespräch geklärt werden müsste.

Aber dass heutzutage zu wenig geredet, geäußert, behauptet, mitgeteilt, veröffentlicht, bekannt gegeben und gesagt oder geschrieben werde, wird kaum jemand behaupten können. Die modernen technischen Medien verführen uns, zum ständigen Presse- und Unterhaltungszentrum unserer selbst zu werden und unsere sämtlichen Anwandlungen und Einfälle unverzüglich zu publizieren. »Philosophen« sind wir dabei immer weniger. Wer pausenlos kluge Eier legt, bringt am Ende nur noch Windeier hervor.

Es gibt Gedanken, Erlebnisse und Empfindungen, die man lange für sich behalten, in sich reifen lassen und austragen muss, bevor man sie ins Wort bringt. Mit vielen unbedachten Spontanreaktionen und Aussagen wird ein Schaden angerichtet, der kaum mehr gut zu machen ist.

Ein Kind, das gleich wenige Tage oder Wochen nach seiner Empfängnis den Mutterschoß verlässt, ist verloren. Das gilt auch für bestimmte deiner Einsichten, Erlebnisse und Erfahrungen. Geh mit ihnen etliche Zeit schwanger, damit sie in dir nachwirken, reifen und sich klären. Du wirst dann in Worten weniger von dir geben, aber dem Inhalt nach mehr.

Achte auf die Substanz deiner Worte

Im Zeitalter des allgegenwärtigen Smartphones ist es kaum mehr vorstellbar, dass 1995 noch an den öffentlichen Telefonzellen die Mahnung stand: »Fasse dich kurz!« Alle Telefonanbieter verlocken, ja drängen ihre Kunden, möglichst den ganzen Tag lang zu telefonieren und über das Internet miteinander zu kommunizieren. Die Folge ist eine atemberaubende Inflation an Worten. Mittels unglaublich intelligenter Techniken werden immer mehr unglaubliche Belanglosigkeiten ausgetauscht. Für ein tiefgründiges spirituelles Leben ist das Gift. Darum schärft Benedikt in seiner Regel wiederholt ein, man solle eher wortkarg und schweigsam sein. Zur Begründung führt er im 6. Kapitel zwei Bibelworte aus dem Buch der Sprichwörter an: »Wenn du dauernd redest, entgehst du nicht der Sünde« (10,19) und »Die Zunge hat die Macht über Tod und Leben« (18,21). Weil die Schweigsamkeit so wichtig sei, so fügt er an, solle man zuweilen sogar über gute Themen eher schweigen als reden. Das weist darauf hin, dass seiner Erfahrung nach nicht etwa nur das negative oder hinterhältige Reden, sondern das übermäßig viele Reden an sich – unabhängig vom Inhalt – abträglich sei.

In der lateinischen Bibel findet sich ein Psalmvers, der wörtlich übersetzt lautet: »Wir verplaudern unsere Jahre, wie die Spinne ihr Netz ausspult.« Schaut man einer Spinne beim Netzbauen zu, so scheint sie endlos aus ihrem Inneren den Faden für ihr weit gespanntes Netz abspulen zu können. Es sieht aus, als entleere sie sich dabei ihrer gesamten Substanz. Und wozu?, heißt es in der Mönchsliteratur. Nur, um windige Fliegen zu fangen. Genauso verhielten sich die Schwätzer: Sie verspulten ihre ganze innere Substanz in die Luft hinaus, wo sie bald zerrissen werde.

Diese Vorstellung, ja Erfahrung steckt hinter der Mahnung Benedikts. Sie wird heute besonders wichtig. Denn dank der verführerischen Kommunikationsmittel kann man bei der leisesten Gemütsregung jederzeit sofort jemanden kontaktieren. Namentlich die Fähigkeit, Zustände der Langeweile oder Unlust auch nur für kurze Zeit allein bei und für sich auszuhalten, scheint rapid zu schwinden. Die Folge ist ein Verlust an innerer Substanz und Tiefe.

Zweifellos sind Dialog und Aussprache für den Menschen, für die Gesundheit seiner Psyche und auch für seine Kreativität von vitaler Bedeutung. Hier geht es um die Eindämmung der Inflation von Kommunikation. Es gibt Zustände und Fragestellungen, die nur fruchtbar werden können, wenn man sie schweigend austrägt. »Auf dem Marktplatz legt die Henne kein Ei«, sagt ein arabisches Sprichwort.

Wenn du deinen Kindern am Sonntagnachmittag eine Stunde Langeweile zumutest, kannst du beobachten, dass sie nach einiger Zeit kreativ werden. Würdest du dich in der Pflicht fühlen, sie pausenlos zu unterhalten, käme dieses ihr kreatives Potenzial nie ans Licht. Das gleiche gilt für deine eigene Psyche. Wenn du jede Anwandlung sofort ausplauderst, hörst du gar nicht mehr, was dir erst nach einiger Zeit des Alleinseins und Mundhaltens von innen her gesagt werden könnte.

»Der geschwätzige Mensch findet auf der Erde nicht die Richtung«, bemerkt deshalb Benedikt im 7. Kapitel noch einmal zu diesem Thema. Das klingt wie ein Kommentar zu unzähligen heutigen öffentlichen Talkshows und Experten-Interviews. Benedikt zieht daraus die Konsequenz: »Darum versagt der Mönch seiner Zunge das Sprechen und übt Schweigsamkeit. Er sagt nichts, bis er gefragt wird.«

Jemandem zu begegnen, in dem wesentlich mehr steckt, als er oder sie marktschreierisch von sich anbietet und verkaufen will, wird zum kostbaren Fund. »Stille Wasser gründen tief«, wusste man schon einmal. Im Zeitalter des seichten Geplätschers wird die Mahnung, die eigenen Worte zu verknappen und auf ihre Substanz zu achten, besonders aktuell.

Unterscheide, was für dich ansteht

Benedikt ist bekannt und geschätzt dafür, dass er keine rigorose Askese vertritt. Das kommt uns heutigen Menschen entgegen. Im Alltag und Beruf in einer immer überdrehteren Welt sind wir so vielen gnadenlosen Forderungen ausgeliefert, dass wir spirituell eher eine Erfahrung von Gnade als von Strenge brauchen, eher Inspirationen als einen weiteren Pflichtenkatalog.

Die Mutter aller Tugenden, so sagt Benedikt im 64. Kapitel seiner Regel, sei die Diskretion. Dieses Fremdwort wurde je nach Zeitgeschmack und Temperament ganz unterschiedlich übersetzt. Nicht selten legte man es als »kluges Maßhalten« oder »weise Mäßigung« im Sinn einer Mittelmäßigkeit aus, der jeder Pfeffer und folglich auch eine mitreißende Inspiration fehlt. Richtiger wird man beraten sein, wenn man diesen Begriff dorthin zurückverfolgt, wo er in der Geschichte der Spiritualität herkommt: bis zu den Wüstenvätern. Sie verstanden unter »Diskretion« die kritische, nüchterne Prüfung, was im konkreten Fall das Notwendige und

Richtige sei. Tatsächlich lässt sich »Diskretion« am besten wörtlich mit »Unterscheidung« übersetzen.

Willst du als spiritueller Mensch leben, so musst du also nüchtern und selbstkritisch »unterscheiden« und entscheiden, welche Maßnahmen in deinem Leben anstehen, damit das möglich wird.

Wahrscheinlich kannst du das nicht ganz allein für dich. Darum ist es hilfreich, wenn du dies im Gespräch mit jemandem klärst, die oder der auf diesem Gebiet über einige praktische Erfahrung verfügt. Im Grunde genommen ahnst oder weißt du alles Wichtige schon selbst von innen her, aber du willst es nicht richtig wahrhaben und zulassen. Das Gespräch kann dir helfen, es ans Licht kommen und eindeutig werden zu lassen.

Wenn dein Gesprächspartner über die Gabe der »Diskretion« verfügt, wird sie bzw. er dir nichts »Neues« sagen, sondern dir helfen, das zum Vorschein kommen zu lassen, was bereits in dir wartet. Du merkst dabei, dass dir nichts aufgedrängt oder übergestülpt wird; entdeckst sozusagen dein besseres, genialeres, reiferes Ich, das dich ruft und herausfordert. Benedikt sagt, diese Art der »Unterscheidung« wirke so, dass »die Starken heiß darauf werden, sich an die

Praxis zu machen und auch die Schwachen nicht davor kneifen.«

Am Anfang kann der Anspruch eine ordentliche Herausforderung darstellen, ja recht schmerzlich sein. Du siehst dich vielleicht in die Pflicht genommen, dich von bestimmten Menschen, Dingen oder Gewohnheiten zu trennen, weil du von ihnen auf destruktive Weise abhängig geworden bist.

Benedikt macht dir deshalb gleich im Vorwort seiner Regel Mut: »Sollten dir Vernunft und Sachlichkeit vielleicht eine etwas strengere Auflage machen, damit du ein Laster ablegen oder die Liebe bewahren kannst, dann lass dich nicht gleich abschrecken und lauf nicht gleich davon. Es ist normal, dass der heilsame Weg am Anfang eng ist. Hast du erst einmal in deiner neuen Lebensart und im Glauben die ersten Schritte gemacht, so wirst du mit weit gewordenem Herzen und mit Freude und Begeisterung auf diesem Weg weiterrennen.«

Mit der Regel, in der das steht, organisierte Benedikt das klösterliche Leben von Mönchen. Darum war es notwendig, dass er darin ganz konkrete Anweisungen formulierte, bis in die Form des Gebets und das Maß des Getränks hinein.

Das ist im Zusammenhang dieses Buches hier nicht möglich und wird sogar vorsätzlich vermieden.
Es soll nämlich mit voller Konsequenz die gerade beschriebene »Diskretion« nahegelegt werden: das innere Gespräch; das wache Horchen, Unterscheiden und Antworten. Ein für alle Mal bewährte und dann festgelegte Anweisungen drohen es oft zu verdrängen, ja zu ersetzen.

Lass dir sagen, Mensch, was du konkret tun sollst. Lass dir helfen, es genau zu hören. Es wird dir gesagt.

Suche die Gemeinschaft mit spirituell Erfahrenen

Obwohl Benedikt nach seinem Auszug aus Rom längere Zeit als Einsiedler gelebt hatte, äußert er sich in seiner Regel zurückhaltend über diese Lebensform. Im 1. Kapitel seiner Regel rät er davon ab, spirituell sozusagen als »Single« anzufangen. Nur wer lange in der Gemeinschaft geschult und »bestens aufgebaut« sei, könne eventuell »aus der brüderlichen Schlachtreihe zum Einzelkampf in der Wüste« hinausziehen und es schaffen, »ohne den Trost eines anderen« zu leben.

Er selbst hatte genau anders herum angefangen und dabei anscheinend deutlich erfahren, wie problematisch das war.

Wir Menschen sind von Natur aus Gemeinschaftswesen: Keiner ist eine Insel, keiner muss bei Null anfangen, muss das Rad und die Spiritualität neu für sich erfinden. Vor allem christliche Spiritualität wird so verstanden, dass man dabei in den Strom einer langen, gemeinsamen spirituellen Erfahrung und Überlieferung taucht.

So wird bereits vom Urvater des christlichen Mönchtums, dem ägyptischen Einsiedler Antonius berichtet, er habe sich die Anregungen für seine Spiritualität bei vielen seiner darin erfahrenen Glaubensgenossen zusammengesucht: Wie eine Biene habe er überall Nektar gesammelt, »um daraus in der Wabe seines Herzens den spirituellen Honig zu bereiten.«

Zweihundert Jahre nach Antonius trug Benedikt die hilfreichsten Quellen und Anweisungen zusammen und formulierte eine Regel für das Gemeinschaftsleben. Sie bot den Ertrag einer langen praktischen Erfahrung und klare Kriterien.

Aus Benedikts Sicht gibt es vier verschiedene Gattungen von Menschen, die sich mit Spiritualität beschäftigen (um das Wort »Mönch« einmal so zu übersetzen).

Für die erste Gattung ist seine Regel gedacht: für Gleichgesinnte, die einen gemeinsamen Weg gehen wollen. Das ist die Lebensform der »Zönobiten«, der »gemeinsam Wohnenden.« Im 1. Kapitel seiner Regel stellt er fest, sie seien die »allerstärkste Gattung« von Mönchen.

Von der zweiten, derjenigen der »Eremiten«, war gerade die Rede.

Als »höchst abscheulich« bezeichnet er eine dritte Gattung: Wohngemeinschaften von zwei

oder drei Leuten, »die in sich selbst eingesperrt sind. Ihr oberstes Gesetz lautet: Erfülle alle deine Süchte und Begierden. Was sie selbst meinen und sich aussuchen, erklären sie für heilig, was sie nicht mögen, für unzulässig.«
Für noch verkommener erklärt er die vierte Gattung, die der »immer nur Mobilen und niemals Stabilen. Sie sind Sklaven ihres eigenen »Herumgewolles« und ihrer Gaumenlüste.«
Der springende Punkt bei diesen polemischen Beschreibungen ist Benedikts Überzeugung, dass man als Einzelner wie auch als abgespaltene Gruppe »in sich selbst eingesperrt« bleibe und dann das »für heilig« halte, was man selbst meine und sich aussuche.
Darum ist er der Überzeugung, dass zum spirituellen Leben von Anfang an die umfassendere Gemeinschaft der Glaubenden gehöre. Sogar Gottes Wort, die Bibel, ist nicht direkt vom Himmel gefallen, sondern im Lauf von Jahrhunderten von der Glaubensgemeinschaft formuliert und zusammengestellt worden. Diese Gemeinschaft erschließt die gemeinsamen Quellen, begleitet auf dem Weg, fördert, stellt in Frage, reizt zur kritischen Auseinandersetzung, hält offen.

Suche also wach – und durchaus kritisch, nicht zuletzt selbstkritisch – den Anschluss an deine Glaubensgemeinschaft und den Dialog mit ihr und in ihr.

Treibe nicht alles mit, was die Welt treibt

In der langen Liste der »Werkzeuge der spirituellen Kunst« im 4. Kapitel der Regel Benedikts findet sich die Anweisung: »Sich fremd machen den Handlungsweisen der Welt«, oder anders übersetzt: »Sich dem, was in der Welt alles getrieben wird, entfremden.« Das dürfte eine der provozierendsten Aufforderungen sein. Zugleich war es eine der folgenreichsten. Denn die Mönche und Nonnen in den Klöstern, in denen nach der Regel Benedikts gelebt wurde, bauten immer um ihr ganzes Anwesen eine große, hohe Mauer und grenzten sich von der übrigen Welt ab. Nicht selten wurden sie dahinter tatsächlich »weltfremd«.

Der Begriff hat keinen guten Klang. Darin schwingen Vorstellungen von Lebensuntüchtigkeit mit, von Ahnungslosigkeit, von Verantwortungslosigkeit. Einen weltfremden Menschen kann man nicht ernstnehmen.

Trotzdem ist diese Anweisung von dauernder Aktualität.

Es wird nicht nötig sein, hier ausführlich zu argumentieren, dass tatsächlich ein guter Teil der

Verhaltensweisen, Moden und sogar Philosophien, Werte und Ideale, die sich in der Welt großer Beliebtheit und Anhängerschaft erfreuen, nicht nur gedankenlos und seicht sind, sondern sogar destruktiv. Das war schon immer so. Bereits von zweitausend Jahren rümpften römische Philosophen die Nase über die Primitivität ihrer Zeitgenossen, die bloß Brot und Spiele im Kopf hatten. Das kann zu einem elitären Snobismus führen und tat und tut es auch oft.

Zeitweise gelang es in Klöstern, eine anspruchsvollere Lebensphilosophie und höhere, vom Evangelium inspirierte Ideale zu verwirklichen. Diese Zeiten waren immer ziemlich kurz. Früher oder später zog die »Welt« auch durch die dicksten Mauern ein. Meistens waren die Folgen relativ harmlos: Die Klöster gingen an ihrer spirituellen Belanglosigkeit ein. Zuweilen konnten die Folgen auch dramatisch werden. »Will man Engel machen, kommen Tiere heraus«, formulierte vor vierhundert Jahren jemand aus der entsprechenden Erfahrung.

Die Sensibleren unter den Mönchen spürten meistens ziemlich bald, dass die »Welt« nicht »die da draußen« waren, sondern dass sie in ihnen selbst steckte, unausrottbar. Sie selbst waren und blieben »Weltmenschen« und sahen sich vor die Aufgabe gestellt, sich mitten im Kloster in ihrem eigenen Herzen und Verhalten ihr Leben lang möglichst effizient »den Handlungsweisen der Welt fremd zu machen.«

An dieser Stelle begegnen sich der »Weltmensch« von heute und der Mönch Benedikts. Umgekehrt entdeckt nämlich der »Weltmensch« zusehends den »Mönch« in sich: den Einzelnen, der gegen viele Trends, gängige Wertvorstellungen und Verhaltensweisen verantwortlich leben will und um seine moralische Integrität ringen muss.

Das geht nicht, ohne dass man ein Stück weit gegen den Strom schwimmt, also tatsächlich »sich dem, was in der Welt alles getrieben wird, entfremdet.« Unvermeidlich macht einen das ein Stück weit einsam, also zum »Mönch«.

Es wird dann wichtig, (wie Benedikt es ja den Mönchen einschärft), sich mit Gleichgesinnten auszutauschen; sonst hält man das auf Dauer nicht durch, ohne dass man komisch wird.

Sich »dem, was in der Welt alles getrieben wird, zu entfremden«, kann zur spannenden Herausforderung werden:

Versuche dich in alternativen Lebensrhythmen (wenn du etwa an einem Sonntagmorgen um sechs Uhr aufstehst, hast du sogar in Ballungsräumen die gesamte Landschaft so gut wie für dich allein); entwickle kreative eigene Rituale; steuere bewusst gegen das, was »man« gerade allgemein tut und zelebriert; durchbrich zwischendurch das Geizen mit Geld und Zeit mit einer Großzügigkeit, die du dir eigentlich gar nicht leisten kannst.

Benedikt hat unmittelbar an den Programmpunkt, sich den Handlungsweisen der Welt fremd zu machen, den Punkt angefügt: »Nichts der Liebe zu Christus vorziehen.« Das dürfte kein Zufall sein.
Beide Sätze interpretieren, ja bedingen sich gegenseitig, denn es ging ihm bestimmt nicht nur um irgendeinen kreativen, alternativen Lebensentwurf, bei dem man vielleicht dem Tierschutz oder der vollbiologischen Ernährung oder seinem Hobby nichts vorzieht. Damit soll nichts gegen diese Anliegen gesagt, jedoch festgestellt

sein, dass sie – jedenfalls vom Ansatz Benedikts her – in ein noch höheres Ideal einbezogen werden können.

Sei nicht habsüchtig, sondern großzügig

An alten Kirchen – namentlich solchen von Benediktinern – findet man nicht selten als Inschrift über dem Portal oder der Apsis das Akronym UIOGD. Das sind die Anfangsbuchstaben des lateinischen Halbsatzes *ut in omnibus glorificetur Deus*, zu deutsch: »... damit in allem Gott verherrlicht werde.« Es ist ein Motto, das in der Regel des heiligen Benedikt steht. Die Mönche, die nach dieser Regel leben, betrachten es tatsächlich seit eineinhalbtausend Jahren als eine ihrer wichtigsten Aufgaben, täglich mit ihrem Stundengebet und ihren feierlichen Liturgien Gott zu verherrlichen. Unzählige Christen in der Welt taten es ihnen nach und brachten diesen Wahlspruch ebenfalls an ihren Kirchen an.

Weniger bekannt und beachtet ist, dass Benedikt in seiner Regel diese Aufforderung, in allem Gott zu verherrlichen, gar nicht im liturgischen Zusammenhang schrieb, sondern in einem ganz und gar alltäglichen: Es ging um die profane, heute mehr denn je aktuelle Frage der Vermarktung von Klosterprodukten und der Festsetzung der Preise, die man für sie verlangen sollte. Benedikt ordnete an: »Bei der Festsetzung der Preise darf sich keine Habgier einschleichen. Man soll im Gegenteil alles immer etwas billiger abgeben, als das die Weltleute tun können, (und jetzt kommt das besagte Motto:) damit in allem Gott verherrlicht werde.«

Empfiehlt Benedikt also Dumpingpreise zur Verherrlichung Gottes? Nein, es geht ihm um etwas anderes: um das Laster der Habsucht.

Der Begriff hat es in sich: Etwas und immer mehr haben zu wollen, kann zur Sucht werden. Namentlich beim Geld scheint das physikalische Gesetz zu gelten, dass eine Masse, je größer sie wird, umso mehr Masse anzieht und gar nicht anders kann. Wer bereits astronomisch hohe Summen besitzt, zieht mühelos weitere hohe Summen an sich. Er läuft Gefahr, in den Sog dieser sich beschleunigenden Dynamik zu geraten und nie sagen zu können: »Es reicht. Ich will nicht noch mehr.«

In diese Verlegenheit kommen die meisten Menschen nicht. Aber wir alle leben in einem globalen Wirtschaftssystem, das im Grunde genommen auf der Dynamik der Habsucht beruht: Allenthalben ist vom Bemühen um »Wirtschaftswachstum« die Rede, was ja einfach formuliert heißt: »Es reicht nicht. Wir brauchen

unbedingt mehr. Wer nicht ständig wächst, schrumpft und geht ein.« Von der Logik des Systems her mag das stimmen. Im privaten Bereich ist es verhängnisvoll. Es führt in eine endlose Unzufriedenheit.
Unzufriedene verherrlichen nicht Gott. Sie hadern eher mit ihm und seinen Fügungen.
Wer sich zu billig verkauft, erweckt den Eindruck, er sei nicht viel wert und redet sich das am Ende selbst ein. Dann vergeht die Lust, Gott zu verherrlichen.
Umgekehrt gibt es genügend Menschen, die sich ungemein teuer verkaufen und deshalb einbilden, viel wert zu sein. Aber auch sie haben wenig Neigung, Gott zu verherrlichen.
Im sozialen Bereich muss man diese schlimme Dynamik unbedingt durchbrechen.

Zufriedene Menschen – oft sind das einfache Menschen – setzen sich gern gratis ein, verschenken Zeit und Kraft an andere. Erwarte also nicht für alles eine ansehnliche Bezahlung. Damit »verherrlichst du Gott«, vielleicht ohne es recht zu merken.

Du bringst das Element einer Liebe in die Welt, die verschwenderisch austeilt und nicht unbedingt auf materielle Gewinnmaximierung aus ist.

Bleibe auf dem Boden

Das längste Kapitel der Regel Benedikts, das 7., handelt von einem Thema, das derzeit als Buchtitel kein Bestseller würde: »Von der Demut.« Wer in unserer Wettbewerbsgesellschaft gesellschaftlich und beruflich mithalten will, muss eher das gerade Gegenteil praktizieren: mit allen Mitteln an seinem Status und seiner Karriere arbeiten. Aber auf spirituellem Gebiet behält Benedikt Recht: dort kommt man nur mit Demut voran.

Dieser Begriff wird heute kaum noch benutzt. Zudem ist er belastet, nämlich von einer langen Tradition des Demütigens von Menschen und des demütigen Getues. Aber es geht um etwas anderes. Im Lateinischen ist das Wort dafür mit »Humus« und »Boden« verwandt und meint also, dass es im spirituellen Leben darauf ankommt, auf dem Boden zu bleiben.

Was Benedikt mit Demut meint, heißt einfach übersetzt: Fange nicht an, ja habe überhaupt nicht den Ehrgeiz, dich in die Rolle eines großartigen spirituellen Menschen hineinzusteigern.

In dem Augenblick, in dem du den Eindruck hast, du seiest ein besonders spiritueller Mensch

und dich womöglich als solcher aufführst, hast du den Beweis, dass du keiner bist.
Oder solltest du der Überzeugung sein, du müssest dir auf spirituellem Gebiet von niemandem mehr etwas sagen lassen, ist etwas schief gelaufen und du musst dringend umkehren.
In der Spiritualität geht es nämlich, anders als in Gesellschaft und Beruf, nicht um Aufbau, sondern um Abbau; nicht um Erwerben, sondern um Loslassen; nicht um Karriere nach oben, sondern um Karriere nach unten. (Die wahren Genies und Charaktere in Gesellschaft und Wirtschaft zeichnen sich dadurch aus, dass sie mit echter Demut weit nach oben gelangen und dort leben können; aber das ist hier nicht das Thema.)
Benedikt formuliert diese Spielregel der Spiritualität mit paradoxen Redewendungen. Einen Abschnitt seiner Unterweisung fängt er so an: »Wenn du den höchsten Gipfel am Boden unten erreichen und auf jene himmelhohe Höhe kommen willst, zu der man in Abwärtsrichtung aufsteigt ...« – und gleich darauf bringt er das auf die Formel: »Durch Aufsteigen absteigen und durch Absteigen aufsteigen.«
Das ist keine esoterische Zauberformel, sondern das Ergebnis von zwei ganz einfachen praktischen Erfahrungen.

Die erste Erfahrung ist: Solange du von dir selbst und deinen Illusionen über dich und über spirituelle Erfahrungen voll bist, führst du dich endlos selbst an der Nase herum. Folglich ist es notwendig, davon leer zu werden. Darum wiederholt Benedikt hier seine Anweisung: »Wende dich von deinem ›Herumgewolle‹ ab!« Nur dann kann dir etwas ganz Neues und Anderes einfallen.

Die zweite Erfahrung ist: Wenn du in spirituellen Dingen sensibler wirst, merkst du erst so richtig, wo es bei dir überall noch hapert. Es ist, als verfügtest du über ein immer stärkeres Vergrößerungsglas, mit dem du deine eigenen Mängel siehst. Folglich bleibst du auf dem Boden und triffst dort die anderen Menschen, die ebenfalls wegen ihrer Schwächen noch nicht vom Boden abgehoben haben. Stolz macht einsam; Demut macht einfühlsam. Der Stolze ist unzugänglich; der Demütige ist verwundbar. Diesen Aspekt enthält der deutsche Begriff ausdrücklich. Er ist nämlich die abgeschliffene Form von »Dien-Mut«, bezeichnet also den Mut, sich – aus Stärke, nicht aus Unterlegenheit – zum Diener der anderen zu machen.

Wenn du »absteigend aufsteigst«, steigst du nicht auf einsam-stolze Höhen, sondern wendest dich spontan deinen Weggefährten zu, eröffnest dich ihnen, wirst mit ihnen solidarisch, lässt dir von ihnen etwas sagen.
Das bewahrt deine Spiritualität davor, nur ein Bastelkurs an der eigenen Seele zu sein.

Gib deinem Leben Struktur

Benedikt ist bekannt für seinen Ausspruch: »Müßiggang ist der Feind der Seele.«
Leidenschaftliche Workaholics werden für diese Rückendeckung dankbar sein. Dagegen wird, wer Freizeit, Unterhaltung und Entspannung schätzt, energisch widersprechen: Öfter einmal nichts zu tun; nicht pausenlos auf Zwecke und Leistung versessen zu sein, sondern sich regelmäßig und ausreichend zu entspannen, sei eine Wohltat für die Seele.
Tatsächlich sagt Benedikt nicht, solche Muße sei der Seele schädlich, sondern er spricht vom »Müßig-gang«. Dieser Begriff deutet eine Bewegung an, und zwar in der Verbindung mit der Bezeichnung »müßig«: Es geht um ein gelangweiltes, lustloses Umherschweifen, um ein ständiges Herumzappen von einem Programm ins andere.
Diese Zerstreuung tut der Seele tatsächlich nichts Gutes. Auch hier deutet das der Begriff anschaulich an: Bei der »Zerstreuung« zerbröselt die Seele, denn sie nippt an unzähligen verschiedenen Dingen herum, bleibt dabei hungrig und durstig und verliert sich dabei.

Dem stellt Benedikt entgegen, dass er eine klare Tageseinteilung vorsieht, also eine ausgewogene Struktur, zum Beispiel jeweils bestimmte Zeiten für das gemeinsame Gotteslob, das private Gebet, das Lesen und die Arbeit.

Paradoxerweise haben ausgerechnet die Mönche, die ein zurückgezogenes, meditatives Leben führen wollten, die Uhr und die feste Tagesordnung erfunden und darauf immer großen Wert gelegt – Einrichtungen, die heutzutage oft eher als strapaziös und stressig erlebt werden.

Aber wenn jemand Einsiedler wird und es womöglich tagelang mit niemandem zu tun bekommt, ist das Erste, was er sich zurechtlegt und vorschreibt, eine klare Tagesordnung. Denn erfahrungsgemäß tut ein ganz und gar unstrukturiertes Leben der Seele nicht gut. Man verfällt rasch der Versuchung, seine Zeit sinnlos zu verbummeln oder sich fruchtlos zu verzetteln. In den Klöstern gibt es den Spruch: »Halte die Regel. Dann hält die Regel auch dich.«

Gib also, soweit dir das unter deinen Umständen möglich ist, deinem Leben und deinen Tagen eine klare Struktur. Pack nicht zu viel hinein, sondern sieh genügend Zeiten für Entspannung und Erholung vor. Nimm dir vor, aus Verantwortung für deine Seele ab und zu einige Zeit nichts zu tun. Überprüfe in größeren Abständen, wie du deine Zeit verwendet hast. Du musst sie nicht pausenlos zweckmäßig und produktiv nutzen, sondern solltest sie zwischendurch auch immer wieder leer lassen – was deiner Seele wohl tun wird.

Entwickle Disziplin und Regelmäßigkeit

Als praktisch veranlagter Mensch vergleicht Benedikt das Bemühen um ein spirituelles Leben mit der Arbeit in einer Werkstatt. Im 4. Kapitel seiner Regel zählt er dreiundsiebzig »Werkzeuge der spirituellen Kunst auf«. Das Gotteslob bezeichnet er als »göttliches Offizium«, was an das englische Wort »office« für »Büro, Kontor, Geschäftsstelle« erinnert. Seine Mönche weist er an, sich siebenmal am Tag und einmal in der Nacht in diesem göttlichen Büro zur Arbeit einzufinden. Wer sich ein Chorgestühl in einer alten Kirche genauer anschaut, wird unschwer feststellen können, dass das einer Aufreihung von Werkbänken ähnelt.

Das spirituelle Leben ist also nichts frei und luftig Herumschwebendes, das einem von allein zufliegt, wenn man gerade in der Stimmung dafür ist. Es bedarf der Disziplin und Regelmäßigkeit.

Die strenge Disziplin und Regelmäßigkeit, die Benedikt in seinen Klöstern einrichtete, kann heute kaum mehr jemand einhalten. Sogar die meisten Benediktiner und Benediktinerinnen haben sie stark gelockert. So kann es heute nicht um ein bestimmtes hohes Maß an spiritueller »Werkstattarbeit« gehen, erst recht nicht, wenn man gar nicht in einem Kloster lebt. Aber der Grundsatz bleibt, dass du dich um Disziplin und Regelmäßigkeit bemühen solltest. Wie das praktisch genau aussehen soll, ist schwer allgemein zu sagen. »Jeder hat seine besondere Gabe von Gott, der eine so, der andere anders. Deshalb setzen wir nur mit einer gewissen Ängstlichkeit das Maß fest«, sagt Benedikt bezüglich der leiblichen Nahrung. Das gleiche gilt für die spirituelle.

Vom persönlichen Gebet (nicht dem gemeinsamen) schreibt Benedikt: »Das Gebet soll kurz und lauter sein, es sei denn, es werde durch den Antrieb und die Inspiration der göttlichen Gnade verlängert.«

Aus diesen Hinweisen lässt sich immerhin ableiten, dass du dir in nicht zu großen Abständen regelmäßige, wenigstens kurze bestimmte Zeiten in deinem Terminkalender freihalten solltest, die du ausschließlich für das Lesen, das Gebet und das Stillsein reservierst und einhältst, auch wenn sie dir womöglich sogar über längere Strecken »nichts bringen«. Benedikt wird das mit dem Begriff »lauter« (oder »rein«) gemeint haben. Es geht nicht darum, deinem Ego gute

Gefühle zu bescheren, sondern absichtslos offen zu sein; aus Verantwortung Zeit zu vergeuden; Gott Zeit zu schenken, und zwar »lauter«: ohne danach zu schielen, was du in der Zeit dafür bekommst. Du spannst dich dann sozusagen in die spirituelle Werkbank ein und setzt dich einem Prozess aus, den du nicht selbst manipulieren kannst.

Die wesentlichen Dinge im Leben machst du nicht selbst. Sie passieren dir oder fallen dir zu. Dank ihrer kommst du über dich selbst hinaus. Das ist das Ziel der Spiritualität.

Wache über deine Seele

Benedikt hatte einen nüchternen Sinn für die Realitäten des Lebens. Deshalb sah er für seine Klöster neben dem wichtigsten Amt, nämlich dem des geistlichen Vaters, also des Abtes, ein zweites, fast genauso wichtiges Amt vor: dasjenige des materiellen Verwalters, der sich um alles Zeitliche kümmern sollte. Er wurde »Cellerar« (»Kellermeister«) oder »Schaffner« genannt.

Bekanntlich können einen die Sorgen um die »zeitlichen«, die materiellen Dinge des Lebens ziemlich in Beschlag nehmen oder sogar völlig auffressen. Das kann tatsächlich auch Mönchen passieren, von denen man doch vermutet, sie schwebten eher etwas allzu sehr im Spirituellen und hätten nicht besonders viel Sinn für die nüchternen Realitäten des Lebens. Deshalb ermahnt Benedikt den »Cellerar« ausdrücklich, er solle »über seine Seele wachen«.

Wie wacht man über seine Seele? Davon war im vorigen Abschnitt die Rede. Mit Zeiten der Stille und Besinnung, der Meditation oder Entspannung kann und sollte man regelmäßig sich selbst und seiner Psyche etwas Gutes tun.

Verblüffenderweise gibt Benedikt dem viel be-

schäftigten Verwalter dafür auch noch drei ganz andere Empfehlungen.
Erstens: »Er sorge unermüdlich für die Kranken, Kinder, Gäste und Armen.«
Zweitens: »Alles Gerät und die ganze Habe des Klosters behandle er als heiliges Altargerät.«
Drittens: »Vor allem sei er demütig. Kann er einem Bruder nichts geben, dann gebe er ihm wenigstens eine freundliche Antwort.«
Nach Benedikts Überzeugung entfaltet sich die Seele also, indem sie eine starke soziale Ader entwickelt, einen ausgeprägten Sinn für den Wert der alltäglichen Dinge hat und im persönlichen Umgang und im Berufsleben Bescheidenheit und Liebenswürdigkeit an den Tag legt. Vor allem die letzten beiden Züge kommen in unserer Gegenwart oft zu kurz.
Wie viele Alltagsdinge – selbst wenn sie teuer und wertvoll waren; von den einfachen Gegenständen ganz zu schweigen – gelten in unserer Wegwerf-Gesellschaft atemberaubend rasch als überholt und landen auf dem Müll!
Und im Berufsleben sind eher Härte und Durchsetzungsvermögen angesagt. Wer sich bei einer Bewerbung nicht als Charakter mit imponierenden Qualifikationen präsentieren wollte, sondern recht bescheiden geben würde, käme vermutlich nicht weit.

Benedikt ist der Überzeugung, die Seele sei dann nicht ganz in ihrem Element, wenn sie allein und ungestört ist. Das überrascht. Einem Mönch unterstellt man ja eher einen starken Hang zur Einsamkeit. Aber nein, Benedikt ist der Auffassung, es hänge von der Qualität der Beziehung zu Menschen und Gegenständen ab, ob eine Seele im Lot ist.

Überdenke also gründlich, wie du mit den Menschen umgehst. Legst du eine Art und Ausdrucksweise an den Tag, die deiner Seele gut tut? Oder beschädigst du sie dabei ständig und hast das noch gar nicht gemerkt?
Hast du noch Sinn für die Kostbarkeit, ja das Geheimnis und die Heiligkeit der alltäglichen Dinge? Kannst du über Unscheinbares noch staunen, dich über Alltägliches noch wundern?

Stimme dich auf inspirierende Texte ein

Benedikt sah für seine Mönche vor, dass sie täglich fünf bis sechs Stunden lang Bibeltexte sangen, vorwiegend Psalmen. Es war ein entscheidendes Element seiner spirituellen Methodik und Übung. Das wird heute noch – meistens in reduziertem Umfang – in allen Klöstern geübt, in denen man nach seiner Regel lebt. Für die anderen Menschen ist das jedoch in dieser Form und vor allem in diesem Ausmaß nicht praktikabel. Aber darin steckt eine wichtige allgemein gültige Anregung.

Die Grundidee ließe sich so formulieren: Die Worte, die du bewegst, prägen dich; das, was du liest, formt deine Psyche; die Bilder, die du auf dich wirken lässt, sinken in deine Seele und wirken darin.

Im 19. Kapitel seiner Regel, in dem er »von der Disziplin beim Psalmensingen« spricht, brachte Benedikt das auf die Formel: »Unser Geist schwinge auf der gleichen Wellenlänge wie unsere Stimme.«

Hier ist es also wieder, das für Benedikt zentrale Thema: die Wechselwirkung von Sprache und

Tun, nur leicht abgewandelt. Jetzt geht es um Sprache und Geist. Auch sie beeinflussen einander gegenseitig maßgeblich. Mit »Geist« meint Benedikt hier das Denken; das, was einem ständig durch den Kopf geht; das, was sich darin seine gewohnten Bahnen einschleift.

Dieser Geist ist träge. In heutigen Begriffen gesprochen: Er richtet seine neuronalen Schaltungen ziemlich stabil ein. Oder genauer: Sie werden ihm unmerklich und in geradezu unheimlichem Umfang von seiner Umwelt fest einprogrammiert. Darum finden sich, je nach derzeitiger Programmierung durch die maßgeblichen Instanzen, im Kopf eines großen Teils der Menschen immer der gleiche Geschmack, die gleichen Moden und die gleichen Ansichten. Sie können sie nur in begrenztem Maß selbst wählen und originell gestalten.

Benedikt weist dich an: Emanzipiere dich zumindest ein Stück weit von dieser unwillkürlichen Manipulation durch deine Umwelt. Wähle bewusst eine »alternative« Sprache, nämlich diejenige der Bibel, und übe dich singend in sie ein. Das ist ein wesentlicher Sinn der christlichen Gottesdienstfeiern. Seit jeher tut man darin fast nichts anderes, als gemeinsam Bibeltexte zu lesen und zu singen und sich in ihre Mentalität einzuüben.

Der springende Punkt dabei ist: Wähle Texte, die nicht unmittelbar der gängigen Wellenlänge und Sprachgewohnheit entsprechen oder jedenfalls diese um wesentliche Dimensionen übersteigen. Lies, sprich und singe ungewohnte Texte, in deren Format du hineinwachsen möchtest. Gedichte eignen sich dazu besonders gut. Fasse auch die Bibel vorwiegend als Gedicht auf; streckenweise ist sie tatsächlich eines.
Stimme dich auf die »Wellenlänge« der Texte ein, die du wählst, bis sie deine eigene Seele bewegt und sie in ihr schwingt.

Pflege das Lesen

Benedikt trug maßgeblich dazu bei, dass sich im Abendland die Kultur des Lesens verbreitete. Zu seiner Zeit – der Völkerwanderung – versank die schriftliche Überlieferung der griechischen und römischen Antike in Schutt und Asche. Heere von Barbaren, die nicht lesen und schreiben konnten, überschwemmten Italien.

In seiner Regel traf er zahlreiche Anordnungen für das Lesen und Vorlesen. Er ordnete sogar eine zusätzliche Zeit für das Lesen als »Fastenübung« an. Im 48. Kapitel seiner Regel schrieb er vor: »In den Tagen der Fastenzeit soll jeder ein Buch aus der Bibliothek in die Hand nehmen. Das soll er von Anfang bis Ende lesen. Diese Bücher müssen zu Beginn der Fastenzeit ausgeteilt werden.«

Vielleicht wird diese »Fastenübung«, in Ruhe und mit Disziplin ein Buch ganz zu lesen, bald wieder notwendig. Zwar überschwemmen heute nicht Heere das Abendland, aber Medien, die trotz ihrer formalen und technischen Perfektion etwas Barbarisches, weil Hohles und Infantiles an sich haben.

Benedikt sah die Gefahr, dass der Mensch »aus trägem Verdruss faul herumhängt und sich leerem Geschwätz überlässt, statt aufmerksam zu lesen. Dann hilft das ihm selbst nichts und er bringt auch noch andere durcheinander.« Darum mussten während der ausschließlich für das Lesen vorgesehenen Zeit zwei oder drei ältere Brüder im Kloster herumgehen und streng darauf achten, dass jeder sein Buch las.

Das war nicht irgendein Buch. Benedikt spricht von Büchern, die dem »göttlichen Lesen« oder »Lesen von Gott« dienten. Es waren einzelne Bücher der Bibel oder Kommentare dazu, oder Bücher aus der eigenen spirituellen Überlieferung. Dieses Lesen qualifiziert das »Horchen«, also das Hauptthema Benedikts.

Nur auf das eigene Herz zu horchen, wäre zu wenig. Dein Herz neigt dazu, in sich selbst versponnen zu bleiben. Wenn es nicht über sich hinaus horcht, hält es am Schluss die Produkte der eigenen Gefühle, Bilder und Wünsche für die Stimme Gottes.

Daher spricht Benedikt vom »Horchen auf die Lehren des Meisters« und auf die »Stimme Gottes«, wie sie bereits in der Geschichte vernommen und aufgezeichnet wurde. Kein Mensch fängt bei Null an und hört erstmals und ganz originell Gott. Die Wahrnehmung eines jeden ist gefärbt von der Geschichte und Kultur, in der er lebt. Aber trotz, nein: dank dieser Prä-

gung kann er hören, was diese Stimme Gottes ihm ganz persönlich sagt.
Das »Lesen von Gott«, das Benedikt zur festen regelmäßigen Übung machte, ist ein horchendes Lesen. Es ist anders als das heute übliche hastige Verschlingen von Informationen.

Bete zu Gott, er möge dein verhärtetes oder jedenfalls taubes Herz empfänglich machen. Dann nimm dir einen Text vor und lies ihn horchend und mit der inneren Achtsamkeit, ob er dich anspricht. Sobald du spürst, dass er dich anspricht, halte inne. Lass das auf dich wirken. Antworte darauf vielleicht betend. Lass dich jedenfalls auf einen Dialog ein. Oder schreibe dir in ein Tagebuch, was dir etwas gesagt hat. Es kommt nicht darauf an, dass du viel liest oder dein Programm »schaffst«, das du dir vorgenommen hast.
Worauf es ankommt, ist die »Information« in dem Sinn, der diesem Begriff so gut wie ganz verloren gegangen ist: dass sich dir eine Haltung und Weisheit »einformt« oder du in sie »eingeformt« wirst.

Wohne achtsam bei dir selbst

Wenn du die von Benedikt angeregte »göttliche Lesung« hältst, wirst du ziemlich bald eine Art von »Präsenz« spüren: Aus den Zeilen, zwischen ihnen und durch sie hindurch wird dir eine Art Gesprächspartner gegenwärtig, spürst du eine Beziehung. Sie ist nicht genau definierbar und nicht festzuhalten. Wie jede lebendige Beziehung ist sie etwas im jeweiligen Augenblick Schwebendes, Dynamisches, Wirksames. Es erlischt, sobald du sie objektiv fixieren willst.
Aber wenn du dich längere Zeit in den Dialog der »göttlichen Lesung« einübst, wirst du erfahren, dass diese Präsenz auch immer öfter in deinem Alltag andauert, sofern du es fertig bringst, achtsam »bei dir selbst zu wohnen.«
Mit dieser ganz am Anfang zitierten Formulierung beschrieb Gregor der Große das Einsiedlerleben Benedikts. In ihrer vollen Form heißt sie: »Unter den Augen des göttlichen Zuschauers wohnte er ganz bei sich selbst.« Das dürfte eine der besten Beschreibungen dessen sein, was christliche Kontemplation ist.
Für eine zu kindliche – oder gar bedrohliche – Vorstellung vom »göttlichen Zuschauer« bietet Benedikt im ersten Satz des 19. Kapitels seiner

Regel ein bemerkenswertes Korrektiv. Er lautet: »Wir glauben, dass es überall eine göttliche Präsenz gibt.« Weil diese Formulierung abstrakter klingt, wirkt sie heute nachvollziehbarer. Allerdings meint Benedikt damit eindeutig nicht die Präsenz eines anonymen, gesichtslosen »Göttlichen«, sondern die höchste uns Menschen vorstellbare Form einer Gegenwart: Diejenige, welche unser kostbarstes Wahrnehmungsvermögen empfindet. Das ist die Liebe: Sie ist glücklich, wenn sie die Präsenz eines Du, eines Angesichts wahrnimmt. Weniger würde ihr nicht genügen. Weniger genügt auch in der Rede über Gott nicht. Sie ist genau genommen keine Wesensaussage über Gott, sondern eine Aussage über unsere Art, ihn wahrzunehmen.

Ein zu unbedarft nach menschlichem Maß vorgestelltes Gott-Du allerdings scheint sich derzeit in seine Geheimnis- und Rätselhaftigkeit zurückzuziehen. Dadurch wird es nicht kleiner, sondern größer. Dass Benedikt keinen kleinen Gott nach Menschenmaß meint, sondern den Unfassbaren, Überwältigenden, bringt er zum Ausdruck, indem er sofort hinzufügt: »Darum sollten wir immer daran denken, was der Prophet sagte: ›Dient dem Herrn in heiliger Scheu‹«. Damit meint er das umwerfende, atemberaubende Bewusstsein einer Wucht und Wirklichkeit, die jede Fassungskraft sprengt.

Wer von der Wucht der Liebe erfasst wird, neigt spontan dazu, vom Reden in Prosa zum Singen in Poesie überzugehen. »Wer liebt, der singt«, sagte schon Augustinus. Wer singt und zum Poeten wird, will nicht begreifen, sondern feiern und verkosten. Du diskutierst dann nicht über Gottesvorstellungen, sondern singst in Bildern von Gott und weißt, dass sie auf ihre ganz eigene Art wahr sind.

Verankere dich verkostend im Sein

Im 19. Kapitel seiner Regel spricht Benedikt also zunächst davon, dass der spirituell sensible Mensch die Präsenz Gottes wahrnehmen könne. Werde er davon erfasst, so verfalle er spontan aus der Prosa in Poesie, weil er nicht mehr theoretisch darüber reden, sondern diese Wahrnehmung feiern und genießen wolle.

Folgerichtig gibt Benedikt sofort im nächsten Satz kurz und knapp die Anweisung: »Singt verkostend Psalmen.«

Der lateinische Ausdruck für das »Verkosten« mit allen Sinnesorganen hat zugleich die Bedeutung »weise« und wird meistens so übersetzt.

In Fülle verkosten kann man nur, was wahr ist. Alles andere bleibt billiger Ersatz, der sich früher oder später buchstäblich durch Ent-Täuschung als solcher erweist.

Im »Verkosten« steckt zudem der Verweis auf die sinnliche Wahrnehmung.

Das ist eine besonders wichtige Anregung.

Lass dich zuweilen mitten im Alltagsgetriebe kurz mit einem deiner Sinne, dem Sehen, Hören, Fühlen, Riechen, Schmecken intensiv auf eine Wahrnehmung ein. Das hilft dir, dich achtsam in die Gegenwart zu versetzen. Ja mehr noch: Wenn du elementare Sinneseindrücke intensiv wahrnimmst, verwurzelt dich das in der Güte und Tragfähigkeit des Seins.

In einer zunehmend mit abgehobenen, virtuellen Wirklichkeiten beschäftigten Welt dürfte das immer wichtiger werden. Du wirkst damit deiner eigenen Verflüchtigung entgegen, bleibst gegenwärtig und zugleich gewärtig, das heißt: ansprechbar und fähig, in Beziehung zur Welt und zu Gott zu treten.

Das hat mit »Respekt« zu tun. Das lateinische Verbum, von dem dieses Wort abstammt, bedeutet wörtlich: »noch einmal anschauen« oder »zweimal hinsehen.« Wenn du nichts mehr zweimal ansiehst, sondern unablässig weiterhastest und immer neue Sensationen suchst, verlierst du den Respekt vor den Dingen und schließlich auch vor den Menschen.

Wenn du dagegen zweimal oder öfter oder länger hinschaust, stellst du dich in die Beziehung zur Wirklichkeit und näherst dich auch auf diesem Weg – ähnlich wie bei der »göttlichen Lesung« – der Präsenz Gottes. Auch die Schöpfung lässt sich »göttlich lesen«: ein Gesicht, ein Baum, ein Käfer, eine Wolkenstimmung.

Benedikt schreibt, man solle sogar alle seine Alltagswerkzeuge wie kostbares Altargerät behandeln. Du kannst erproben, ob sich das auch beispielsweise auf dein Smartphone anwenden lässt. Das »Verkosten« und das »weise Sein« sind nach Benedikts Überzeugung eng miteinander verwandt. Zweifellos gibt es einen weisen Umgang nicht nur mit herkömmlichem Handwerkszeug, sondern auch mit dem Mobiltelefon und dem Computer.

Verweile in der Gegenwart

Im spirituellen Leben geht es vor allem um die Fähigkeit, ganz in der Gegenwart zu verweilen. Diese Gegenwart ist nicht leicht zu fassen, weil sie der kurze, winzige Schnittpunkt zwischen Vergangenheit und Zukunft ist. Das weite Feld der Vergangenheit liegt hinter uns, die unabsehbare Zukunft vor uns. Wer ganz in der Gegenwart zu verweilen versucht, kennt die Schwierigkeit, dass der Kopf unwillkürlich immer wieder zu Erinnerungen an die Vergangenheit oder Fantasien über die Zukunft abschweift. Darum ist die Fähigkeit, in der Gegenwart zu verweilen, besonders kostbar.

Benedikt ist der Überzeugung, dass Gott uns Menschen immer und überall gegenwärtig ist. Er stellt sich das so vor, dass Gott und seine Engel unablässig auf den Menschen blicken.

Diese Vorstellung kann unangenehm, ja unheimlich werden, wenn man sich diesen Blick so vorstellt, als seien wir damit einer ständigen Überwachung ausgeliefert. Sie wird jedoch kostbar, wenn man ihn als Ausdruck einer unaufhörlichen liebevollen Zuwendung, Aufmerksamkeit und Sorge versteht.

Kontemplation ist die Fähigkeit, in der Gegenwart unter dem Liebes-Blick Gottes zu verweilen, darüber zeitweise alles andere – also Vergangenheit und Zukunft – zu vergessen und in dieser Wirklichkeit zu ruhen.

Benedikts Biograf, Papst Gregor der Große, schrieb, Benedikt habe »unter den Augen des ihn anblickenden Gottes ganz bei sich selbst gewohnt.«

Momente reiner Gegenwärtigkeit sind Vorahnungen dessen, was Ewigkeit sein wird: nicht endlos weiterlaufende Zeit, sondern absolute Gegenwart, in der unsere gesamte Vergangenheit aufgehoben ist – im Sinn von geborgen und geheilt – und Gott uns endgültig gegenwärtig ist und wir ihm.

Gegenwärtigsein setzt in Beziehung. Deshalb sah Benedikt vor, dass seine Mönche »Gott in der Gegenwart der Engel Psalmen singen« sollten: Er stellte sich das als bewusste Kontaktaufnahme mit Gott und seinen Engeln vor.

Diese bewusste Kontaktaufnahme mit dem Geheimnis des Gegenwärtigen lässt sich auch zunächst auf einfachere Weise einüben. Du kannst versuchen, im Gegenüber zum Beispiel zu einer Kerze, einer Blume, einem Baum oder einer Landschaft voll gegenwärtig zu werden und darin still zu verweilen. Unwillkürlich verspürst du dann nach einiger Zeit dazu eine Art innere Beziehung. Dir dämmert die Ahnung, dass nichts selbst-verständlich ist, sondern genau genommen ein Geheimnis. Du brauchst es nicht auszudeuten. Verweile einfach in der Gegenwart und spüre ihre wohltuende Kraft.

Sei dankbar, statt zu murren

Auffallend oft – mindestens acht Mal – warnt Benedikt in seiner Regel davor, man solle doch das Murren bleiben lassen. Er ordnet sogar an, Murrer besonders streng zu bestrafen: Mönche, die bestimmte Anweisungen nur murrend befolgen oder die ihnen zugewiesene Arbeit nur murrend verrichten. Heute würden wir allerdings vermuten, dass eine strenge Strafe sie eher in ihrer negativen Einstellung zum Leben bestätigen würde, als sie zur Einsicht zu bringen.
Dieses Thema »Murren« findet man in der spirituellen Literatur selten angesprochen. Es dürfte eine originelle Anregung Benedikts für unser heutiges Bemühen um ein spirituelles Leben sein.
Wer murrt, ist unzufrieden und ungeduldig mit seinen Lebensumständen. Er oder sie frisst einen gewissen Hader mit dem eigenen Leben in sich hinein und äußert ihn vorwiegend mit seiner Gestik und Mimik, aber selten oder nie offen. Murrer – das sind die Grummler in der letzten Bank, die sich nicht zu Wort melden, sondern negativ und sarkastisch herumflüstern und das Klima vergiften.

Vor allem vergiften Murrer sich selbst. Sie stehen nicht auf, äußern mutig ihre Kritik und verlangen nach einer Verbesserung. Man könnte fast meinen, sie genießen ihr Selbstmitleid und wollen gar nicht allen Ernstes etwas ändern. Sie wollen lieber immer wieder bestätigt wissen, dass alles ziemlich schlecht läuft und sie daher allen Grund haben, unzufrieden zu sein und mit sich selbst Mitleid zu haben.
Ein Land, in dem vorwiegend gemurrt wird, ist krank. Eine Kirche, in der vorwiegend gemurrt wird, ist auch krank. Und ein Mensch, der vorwiegend murrt, ist erst recht krank. Da lässt sich nicht frei durchatmen und folglich überhaupt nicht anfangen, spirituell zu leben. Denn Spiritualität hat immer mit dem Atmen, dem richtigen, gesunden Atmen zu tun.
Murrer vergleichen ihre faktischen Umstände mit dem Ideal, das ihnen vorschwebt. Oder sie vergleichen sich mit anderen, von denen sie den Eindruck (oder die Illusion) haben, die hätten viel glücklichere Umstände als sie. Da sind dann Neid und Eifersucht im Spiel. Beides zerfrisst die Seele, statt sie zu stärken.
Oft entzündet sich Murren bereits am unvernünftigen Sich-Reiben an nüchternen Fakten, die nun einmal so sind.

So schreibt Benedikt zum Beispiel im 40. Kapitel seiner Regel, seiner Überzeugung nach sollten Mönche überhaupt keinen Wein trinken. Aber er sehe ein, dass man derzeit die Mönche davon nicht überzeugen könne. Folglich solle jeder pro Tag seinen Viertelliter haben. Er beweist damit souveräne innere Freiheit gegenüber einem Faktum.
Seine praktische Erfahrung und Weisheit äußert sich eindrucksvoll in dem, was er sofort anfügt: »Wo die örtlichen Verhältnisse so sind, dass man nicht einmal dieses Maß beschaffen kann, sondern weniger oder gar nichts, sollen die Brüder, die dort wohnen, Gott loben und nicht murren. Vor allem mahnen wir dazu, das Murren zu unterlassen.«
Als Therapie gegen das Murren weist Benedikt an, »Gott zu loben.« Wofür? Wenn du nichts siehst, wofür du dankbar sein könntest, musst du dich fragen, ob du nicht zu den Murrern oder Murrerinnen gehörst. Dann müssen deine Alarmglocken schrillen.

Spiritualität fängt damit an, dass du dich selbst und die Welt mit etwas anderen Augen siehst. In der Folge kannst du dann hoffentlich ein Stück Welt ändern.

Gewinne an Format, indem du lobst

Benedikt vertritt die Auffassung, dem Dienst vor Gott dürfe nichts vorgezogen werden. In einem guten Dutzend der 73 Kapitel seiner Regel gibt er ausführliche Anweisungen zur praktischen Form des Gotteslobs und zur richtigen inneren Haltung.

Er lässt sich dabei von der Idealvorstellung der frühen Mönche leiten, Gott unablässig, rund um die Uhr zu loben. Dem kommt er ziemlich nahe, wenn er von morgens zwei bis abends sieben Uhr in regelmäßigen Abständen acht Gottesdienste einrichtet, also fast im Zwei-Stunden-Takt. Das ist in der heutigen Welt nicht einmal mehr in strengen Klöstern zu schaffen.

Gültig bleibt der spirituelle Impuls, grundsätzlich aus einer Haltung des Lobens zu leben. Ein Mensch, der loben kann, lobt nicht nur Gott, sondern lobt auch Menschen, statt sie immer nur zu kritisieren.

Er tut sich damit selbst etwas Gutes, findet sein eigenes Format als aufrecht stehender, weitblickender Mensch.

Wer ständig kritisiert, ist ein auf sich selbst zurückgekrümmter Mensch: Sein Maß sind seine eigenen Vorstellungen und Wünsche, die er ständig vor Augen hat und nie erfüllt sieht. Der bittere Grundton, mit dem er spricht, verrät, dass es ihm nicht zuerst um ein vielleicht berechtigtes öffentliches Anliegen geht, sondern um seine Enttäuschung, ja Beleidigung.

Der Mensch, der trotz aller Mängel loben kann, richtet seinen Blick von sich weg, vor sich und über sich hinaus.

Ein lateinisches Wort für »loben« heißt wörtlich übersetzt »groß machen«: Wer lobt, macht andere groß und wird dabei selbst nicht kleiner, sondern ebenfalls größer. Er hilft anderen in ihr Format und gewinnt dabei selbst an Format.

Das durchbricht die allgemeine, jedoch irrige Vorstellung, man könne nur groß werden, indem man andere kleiner macht. In Wirklichkeit bleibt man dabei nur stehen oder schrumpft sogar.

Wenn man kleine Kinder angesichts einer neuen Fertigkeit, die sie sich gerade erwerben, lobt, indem man ihnen bewundernd sagt, wie »groß« sie schon seien, beflügelt das ihre Begeisterung, sich selbst weiter zu entfalten. Sie wachsen buchstäblich über sich hinaus.

Im Grunde genommen ist das bei Erwachsenen genauso. Eine Chefin, die Komplimente und Anerkennung zu verteilen versteht, motiviert ihre Mitarbeiter. Ein Chef, dem nie etwas gut genug ist, lähmt seine Mitarbeiter.
Gott dürfte es nicht nötig haben, dass er gelobt wird. Er ist groß genug.
Wir sind es, die es nötig haben, ihn zu loben, damit wir größer werden und damit unsere Vorstellungen von ihm größer werden.
Benedikts Biograf Gregor spricht von einer eigenartigen ekstatischen Dynamik. Er sagt: Du befindest dich zunächst mit deinen beschränkten Vorstellungen und Beschäftigungen *unterhalb* deiner selbst. Daraus kannst du heimkehren und »unter den Augen des göttlichen Zuschauers *bei* dir selbst wohnen.« Von da aus kannst du im Loben *über* dich selbst hinauswachsen. Dann kann es passieren, dass du *außer* dir selbst gerissen wirst, in die atemberaubende Größe Gottes hinein.

Versuche, die allgemeine Neigung zu durchbrechen, Menschen und Verhältnisse eher zu kritisieren als zu loben. Entdecke, dass es tatsächlich Anlässe gibt, dein Lob auszusprechen (du musst sie nicht künstlich suchen). Beobachte, wie das Leben dich selbst, deine Einstellung und dein Lebensgefühl verändert.

Weite dein Herz

Bei manchen Anleitungen zu einem spirituellen Leben wird der Blick zu sehr verkürzt. Die Aufmerksamkeit wird fast ganz auf das eigene Innenleben und bestimmte Übungen und Erfahrungen gelenkt.
Benedikt dagegen sagt im Vorwort seiner Regel mit einem Zitat aus Psalm 119,32, der ganze Prozess des klösterlichen Lebens und Glaubens diene dem Zweck, sich auf dem Weg, den Gott uns aufzeige, »mit weit gewordenem Herzen und der unbeschreiblichen Süße der Liebe« auf einen regelrechten Wettlauf der Liebe einlassen zu können.
Das gilt genauso für den Prozess, also den Entwicklungsweg, auf den wir Menschen außerhalb des Klosters gestellt sind: Unser Herz soll weit werden; unsere Kapazität zum Lieben soll sich steigern.
Zum Schluss seiner Regel wiederholt Benedikt das noch einmal mit anderen Worten: Da spricht er vom »guten Eifer«, den man »in glühender Liebe tätigen« solle.
Er zählt eine Reihe konkreter Aspekte auf. Sie beziehen sich auf das engste Umfeld, also auf den Kernbereich unseres Lebens. Er regt nicht

gleich zu großen Aktionen an, sondern zu ganz unspektakulären Dingen:
»Einander in gegenseitiger Achtung übertreffen. Aneinander alle leiblichen und charakterlichen Schwächen in großer Geduld ertragen.
Einander in gegenseitigem aufeinander Hören überbieten.
Nicht den eigenen Vorteil suchen, sondern mehr den des anderen.
Einander selbstlos brüderliche Liebe erweisen.«
Wo das einigermaßen gelingt, entsteht ein Kraftzentrum, das ausstrahlt und sich auch spürbar auf die Öffentlichkeit, auf Gesellschaft und Politik auswirken kann.
Im 12. Jahrhundert schrieb der Zisterzienserabt Aelred von Rievaulx, der nach der Regel Benedikts lebte, über diese Ausweitung:
»Lass dein Herz zum weiten Schoß werden, mit dem du die ganze Welt umfasst. Denke an alle Guten in der Welt und freue dich über sie. Denke an alle Bösen, halte sie dir vor Augen und weine. Lass dir das Elend der Armen zu Bewusstsein kommen, das Weinen der Waisen, die Niedergeschlagenheit der Traurigen … Allen öffne weit dein liebendes Herz.
Diese Steigerung deiner Nächstenliebe und Sorge stört nicht die Herzensruhe, sondern vertieft sie.«

Es vertieft sie zur paradoxen Fähigkeit, die ein alter Pfingsthymnus so beschreibt: Du findest im aktiven Einsatz für andere »Ruhe in der Unrast, Kühlung in der Hitze, Trost in Leid und Tod.«

Zum Autor

Bernardin Schellenberger, geboren 1944, war zunächst Franziskanernovize, ehe er von 1966 bis 1981 als Trappist nach der Regel Benedikts lebte. Ab 1975 unterwies er als Novizenmeister junge Mönche darin. Von 1981 bis 1991 formulierte er als Seelsorger die Erfahrungen der Mönche für eine Dorfgemeinde um. Seither macht er die Erfahrung, dass man mit der Regel auch außerhalb des Klosters fruchtbar leben kann und übersetzt sie als freier Schriftsteller, Referent und Kursleiter in Impulse zur Spiritualität für alle Interessierten.

GOTT
SUCHEN
Bernardin
Schellenberger
SICH
Erfahrungen mit der Regel Benedikts
SELBST
FINDEN
VERLAG DER
IDEEN

Dieses Buch ist eine fundierte Einführung in die benediktinische Spiritualität und das Leben der Benediktiner, Zisterzienser und Trappisten, die nach der Regel des hl. Benedikt von Nursia (ca. 480–547) leben. Darüber hinaus ist es der sehr persönliche Lebensbericht eines »Insiders«, der ab 1966 ein Jahrzehnt lang in der seit dem 12. Jahrhundert fast unveränderten Lebensordnung der Zisterzienser lebte. Als ehemaliger Prior und Novizenmeister, sowie als spiritueller Lehrer und profunder Kenner der alten Quellen schildert er in Form einer autobiografischen Erzählung den Alltag im Kloster unter dem Grundsatz des »Ora et labora«.
